# LES DEUX MATINÉES

OU

# LES SŒURS DE LA CHARITÉ,

## COMÉDIE EN DEUX ACTES,

MÊLÉE DE COUPLETS,

TIRÉE DES CONSEILS A MA FILLE DE M. BOUILLY;

## PAR M. DUMERSAN.

REPRÉSENTÉE, POUR LA PREMIÈRE FOIS, A PARIS, SUR LE THÉATRE DES VARIÉTÉS, LE 12 MARS 1812.

Prix, 1 fr. 25 c.

A PARIS,

CHEZ Mme. MASSON, Libraire, Editeur de Pièces de Théâtre et de Musique, rue de l'Echelle, no. 10, au coin de celle Saint-Honoré.

1812.

| *PERSONNAGES.* | ACTEURS. |
|---|---|
| LA COMTESSE DE SAINT-ANGE, | M^lle^. *Pauline.* |
| AGATHE, sœur de la Charité, | M^e^. *Barroyer.* |
| MICHEL, commissionnaire, | M. *Dubois.* |
| PAUL, son fils, apprentif serrurier, | M. *Brunet.* |
| NANETTE, sœur de Paul, | M^lle^. *Flore.* |
| M. DURU, principal locataire de la maison où demeure Michel, | M. *Fleury.* |
| LAFLEUR, valet-de-chambre de la Comtesse, | M. *Cazot.* |
| M^lle^. CLARA, première femme-de-chambre, | M^lle^. *Aldegonde.* |
| LISE, deuxième femme-de-chambre, | M^lle^. *Joséphine.* |
| SAINT-JEAN, domestique, | M. *Odry.* |

*La Scène est, au premier acte, dans un petit salon de l'appartement de la Comtesse ;*

*Au deuxième, dans la chambre de Michel.*

NOTA. La Musique de cette Pièce se trouve chez M. Gilbert, Maître de Musique du Théâtre des Variétés, rue de la Vrillière, n°. 4.

# LES DEUX MATINÉES,

OU

# LES SŒURS DE LA CHARITÉ.

## ACTE PREMIER.

*Un joli Salon, où l'on remarque un Sopha.*

### SCENE PREMIERE.

SAINT-JEAN, CLARA.

(*Saint-Jean, en veste grise, un tablier devant lui, le balai et le plumeau à la main, finit de nettoyer le salon.*)

CLARA, *entrant.*

COMMENT, Saint-Jean, il est huit heures et vous n'avez pas encore fini l'appartement de madame la Comtesse! Si elle sonnait?

SAINT-JEAN.

V'là qu'est fini : mais dame, mamselle Clara, j'y suis depuis six heures du matin. Aussi, qu'est-ce qui croirait qu'une jeune et jolie femme se lève d'aussi bonne heure, sur-tout n'ayant rien à faire.

CLARA.

Rien à faire, Saint-Jean! Vous ne connaissez pas notre jeune maîtresse.

AIR : *Du Vaudeville de Catinat à Saint-Gratien.*

La Comtesse, chaque matin,
Sort de son lit avec l'aurore,
Et chaque jour voit de sa main
Quelque nouveau bienfait éclore.

A celle qui ne donne rien,
L'on permet d'être paresseuse;
Mais celle qui fait tant bien
A raison d'être matineuse.

SAINT-JEAN.

Oh! je sais ben que j'avons une bonne maîtresse! C'est une bénédiction quand la fortune tombe dans des mains comme ça.

CLARA.

Oui, sans doute, depuis que M. le Comte, son époux, est parti pour l'armée, Madame ne voit presque pas de société; elle ne va dans le monde que lorsqu'elle y est forcée. Le matin, ici, auprès du buste de son mari, elle lit, travaille, fait de la musique, reçoit les gens qui viennent la solliciter, et sur-tout la bonne sœur Agathe, la distributrice de ses bienfaits..... Ah! ça, Saint-Jean, a-t-on prévenu ce serrurier de venir ce matin raccommoder les ressorts des sonnettes?

SAINT-JEAN.

Tiens, qu'est-ce qui les a cassés?

CLARA.

Madame la Comtesse, hier soir, un moment de vivacité: car elle est vive!...... Mais cela ne fait aucun tort à son cœur. Elle gronde, elle crie, elle s'emporte comme un enfant; tournez la main, il n'y paraît plus.

AIR: *Vaudeville de Voltaire chez Ninon.*

Elle est si jeune, en vérité,
Qu'on peut lui passer un caprice;
Oui, c'est bien un enfant gâté
Qu'il faudra que l'âge guérisse.
Par fois, au même instant, tu peux
Dans ses traits, en cherchant à lire,
Voir une larme dans ses yeux,
Et sur ses lèvres le sourire.

SAINT-JEAN.

C'est vrai. Tenez, un jour, j'allumais son feu par ordre de M. de Lafleur: v'là not'jeune maîtresse qui entre brusquement, et qui me dit comme ça: Quoiqu'tu fais-là?

CLARA.

Ah! elle vous dit, quoique tu fais-là?

SAINT-JEAN.

Oui; mais avec une petite voix plus gentille que la mienne. J'y réponds: Madame la Comtesse, j'avons l'honneur de vous allumer vot' feu. En me relevant ben vite pour la saluer, je mets le pied sur sa robe; et crac, je vous y fais un acroc! Al' me donne une tape et me dit: Butor! toujours avec sa jolie petite voix....... Moi, j'étais tout honteux, je ne savais que l'y dire... All' me répond tout de suite: Tu es bien fâché, mal adroit! d'avoir déchiré ma robe? Oui, que j'ly dis: Ben fâché, madame la Comtesse. Eh ben! qu'a m'dit pour te consoler, v'là de l'argent!.... Jarny, que j'ly fis, Madame, si vous payez comme ça les déchirures, prenez garde à vos robes, on va vous les mettre en pièces. Al' a ri comme une folle, et moi je m'ai en allé en la remerciant.

CLARA.

Et le jour que Champagne, en la menant au concert, a renversé ce malheureux commissionnaire, qu'il a failli écraser; il me semble voir la Comtesse se jeter à bas de sa voiture, aider à relever ce malheureux, ordonner qu'on en prît le plus grand soin, lui envoyer son chirurgien, et charger spécialement la bonne sœur Agathe de le voir tous les jours jusqu'à parfaite guérison.

SAINT-JEAN.

Il y a peu de personnes qui en feraient autant!.... Mais on vient; adieu, mademoiselle Clara, je vas passer mon habit.

---

## SCENE II.

CLARA, LAFLEUR, PAUL, *chargé de ses outils.*

LAFLEUR.

Mademoiselle Clara, voilà le serrurier que mademoiselle Lise m'a dit de faire venir.

CLARA.

Qu'est-ce que c'est que cela?

PAUL.

C'est moi, Madame, pour vous servir.

CLARA.

Mais ce n'est point là le serrurier qui vient ordinairement?

PAUL.

Non, Madame; mais c'est que le bourgeois était sorti, et Monsieur le domestique a dit que c'était de l'ouvrage pressé, ça fait que je suis venu tout de suite.

CLARA.

Vous êtes le premier garçon, sans doute?

PAUL.

Oui, Madame; le premier.... et le dernier. Le bourgeois n'a que moi pour le moment.

CLARA.

Pourquoi cela ?

PAUL.

C'est que les autres sont en ribotte ; et moi qui ne suis qu'apprentif, je n'ai pas la permission d'aller avec eux. Ils sont au cabaret et je garde la boutique.

CLARA.

Ce garçon là ne fera rien qui vaille.

PAUL.

Oh! que si fait, Madame! Paul n'est pas un mal-adroit.

AIR : *Mi, mi, fa, re, mi.*

D'un' comnod', d'un secrétaire,
Avez-vous perdu la clé,
Vous verrez de quel' manière
Mon ouvrag' sera baclé ;
J'fais d'abord tic, tac,
Je tourne, et puis crac,
On admire de Paul
Le petit rossignol.

CLARA.

Ecoutez donc. Il s'agit de raccommoder promptement ces ressorts de sonnettes. M. Lafleur, apportez une échelle, s'il vous plaît.

LAFLEUR, *entr'ouvrant la porte.*

Saint-Jean, apportez une échelle.

CLARA.

Ferez-vous bien cet ouvrage là, mon cher ?

PAUL.

Pardin ! je crois bien ; je suis de la première force sur les sonnettes. Je voudrais savoir en gagner aussi bien que je sais les poser.

AIR : *Tout ça passe.*

Je ne suis qu'un apprenti ;
Mais j'avancerai peut-être,
Et ça sera ben genti
Quand je serai passé maître.

LAFLEUR.

Le beau métier que vous faites.

PAUL.

Oui, quand on a des chalans,
Pièces d' cinq francs et sonnettes,
Tout ça sonne (*ter.*) en même temps.

## SCENE III.

LES MEMES, LISE, SAINT-JEAN, *apportant une échelle.*

CLARA.

Allons, dépêchez-vous, et que cela soit fait avant le lever de Madame. (*Paul monte à l'échelle.*)

SAINT-JEAN.

M. de Lafleur, votre déjeûner est servi.

LAFLEUR.

Si mademoiselle Clara veut me donner la main pour passer à l'office, je lui ferai prendre d'excellent chocolat ; c'est du même que monsieur le Comte a envoyé de Bayonne à Madame.

CLARA.

Je ne serai pas fâchée de le goûter.

LAFLEUR.

Si vous le trouvez bon, je pourrai dire au maître-d'hôtel d'en faire porter quelques livres dans votre chambre?

CLARA.

Cela n'est pas de refus. J'aime assez le chocolat. J'ai l'estomac si délâbré depuis quelque temps !.... Réellement, le service de madame la Comtesse est assez fatigant.

(*Paul secoue les sonnettes.*)

CLARA, *courant à la porte.*

Eh ! mon Dieu, Madame sonne.

PAUL, *sur l'échelle.*

Non, non, Mam'selle, ne bougez pas ; c'est moi qui carillonne en arrangeant les sonnettes.

CLARA.

L'imbécille ! Madame ne se lève point encore.

PAUL.

Faut ben que je travaille.

LAFLEUR.

Eh bien! il raisonne, je crois! Tu peux travailler sans faire de bruit. Que je t'entende encore, et je viendrai te carillonner, moi.

CLARA.

Allons déjeûner et ne nous dérangeons pas, s'il fait la même sottise.

LAFLEUR.

Je crains que ce contre-temps ne vous ait incommodée..... Vous vous souvenez que je vous ai engagée pour le bal qui doit avoir lieu chez la marquise de Vertemont?

CLARA.

Qui est-ce qui le donne ce bal?

LAFLEUR.

C'est son valet-de-chambre. La marquise est à la campagne, nous aurons le petit salon.

CLARA.

Vous entendez, mademoiselle Lise? Je passe la nuit au bal. Si Madame me demande demain matin, j'aurai la migraine.

LISE.

Cela suffit, mademoiselle Clara.

LAFLEUR.

Et vous, Saint-Jean, vous ferez mon service.

SAINT-JEAN.

C'est entendu, M. de Lafleur.

CLARA.

AIR : *Le verre à la main.*

Puisque le déjeûner nous attend,
Allons tous nous mettre à table;
Il est bien cruel, assurément,
De se déranger à tout moment.

LAFLEUR.

Toi, promptement, misérable,
Finis cet ouvrage là;
Tu peux faire un bruit du diable,
Nul ne se dérangera.

TOUS.

Puisque le déjeûner, etc.

LAFLEUR, *donnant la main à Clara.*

Que je t'entende, et tu auras affaire à moi.

SAINT-JEAN, *donnant la main à Lise.*

Entends-tu? que je t'entende, et tu auras affaire à M. de Lafleur. (*Ils sortent.*)

---

## SCENE IV.

PAUL, *seul, sur l'échelle.*

Sont-ils drôles donc ces domestiques là! On dirait des maîtres... Dieu! que c'est beau ici! Que je suis bien aise que le bourgeois ait été sorti! je ne suis jamais venu dans de si belles chambres que ça. C'est joli d'être riche. V'là mon ouvrage fini! Pendant que je suis seul, regardons un peu tout ça. Les belles chaises! (*Il descend de l'échelle.*) O Dieux! en v'là ti une qu'est grande, c'est sûrement une chaise longue. (*Il approche du canapé.*) Assoyons nous dedans..... C'est pus mollet que mon matelas.... Et puis ces oreillers. C'est pas une chaise, c'est un lit. Oh! si mon père en avait un bon comme ça, il aurait bien plus de plaisir à être malade;...... mais il est là sur un mauvais lit de sangle, avec son bras en écharpe..... Il ne peut pas travailler pour gagner sa vie, depuis le jour ousc'que c'te belle voiture l'a renversé contre la borne et a manqué de lui casser le bras. Je voudrais ben voir la bourgeoise de c't'hôtel-ci. On dit que c'est une grande dame; elle doit être au moins haute comme ça. (*On sonne.*) Tiens, j'ai eu fini à temps. V'là madame la comtesse qui sonne.... J'vas p't'être la voir.... Eh ben! les domestiques ne viennent pas.... Ils croient peut-être que c'est encore moi qui sonne.... Ah! la v'là, où me cacher.... Regrimpons sur not'échelle.

---

## SCÈNE V.

PAUL, *sur l'échelle;* LA COMTESSE.

LA COMTESSE.

Personne ne vient! (*Elle sonne.*) Eh bien! (*Elle sonne encore.*) Oh! je les chasserai tous... C'est une horreur!...

AIR : *Rien n'est si plaisant* (J. Monnet.)

Eh quoi! c'est donc en vain que j'appelle!
Combien tous mes gens
Sont négligens!
Jamais, une maîtresse vit-elle
Gens pour la servir
Moins pressés d'accourir.

(*Elle sonne.*)

Voilà cinq ou six fois que je sonne,
Pour me servir, il ne vient personne.
Quoi! personne?
Non, personne....
C'est qu'on sait que je suis trop bonne.
Eh quoi! c'est donc en vain, etc.

(*Elle trépigne d'impatience.*)

PAUL, *à part.*

Queu petit diable! Moi, qui la croyais grande, grande.

LA COMTESSE.

Plus on a de domestiques, plus on est mal servi! Oh! je vais faire maison nette et ordonner à mon intendant de me chasser tous ces gens-là!...... Si mon mari n'était pas absent, on ne ferait pas une chose pareille.... Ah! mon Dieu! la colère m'a fait manquer au devoir que je me suis imposé. Tous les matins ma première pensée est pour lui. Ce buste me rappelle ses traits; ah! quand je le regarde, je sens ma colère s'évanouir.

AIR : *Age d'Astrée.* (Romance de Florian.)

A peine nous sommes époux,
Tu cours au champ de la victoire;
Fuyant les plaisirs les plus doux,
Tu m'abandonnes pour la gloire.
Pour l'arbre chéri des guerriers,
Du myrthe la tige est brisée;
Mais ton épouse, à tes lauriers,
Chaque jour joint une pensée.

Bon ami, quand je te regarde, cela me corrige tout de suite de tous mes défauts..... Mais voyez donc si l'on viendra. Serai-je seule aujourd'hui toute la journée? (*Elle brise toutes les sonnettes.*)

PAUL.

Bon, v'là qu'al me redonne de l'ouvrage; c'est une bonne pratique pour les serruriers.

---

## SCENE VI.

### LES MEMES, LAFLEUR, CLARA.

LAFLEUR, *entrant brusquement.*

Ah! ça drôle! cela finira-t-il aujourd'hui, et déjeûnerons-nous tranquilles!

CLARA.

Ciel! madame la Comtesse. Ah! mon Dieu! madame, que de pardons..... Je suis honteuse....

LA COMTESSE.

Je me suis levée seule, Mademoiselle. Est-ce une leçon que vous avez voulu me donner, pour me faire voir que je pouvais fort bien me passer de vous?

CLARA.

Ah! Madame peut-elle penser.....

LAFLEUR.

Nous avons cru....

LA COMTESSE.

A qui parliez vous donc en entrant ?

LAFLEUR.

Madame, à ce malheureux qui est cause de notre faute.

LA COMTESSE.

A qui donc ?

PAUL, *sur son échelle.*

C'est moi, not' belle Dame, qui ai l'honneur de raccommoder vos sonnettes, que vous cassez si bien.

LA COMTESSE.

Quoi ! cet homme était là ? Il a été témoin de mon impatience, de ma vivacité?... Voyez à quoi vous m'exposez..... C'est horrible ... Eh bien ! et dans ce moment je m'oublie encore ! Non, non, je ne suis pas en colère.

PAUL.

C'est ce que je vois.

LA COMTESSE.

Ne vas pas croire au moins, mon ami, que je sois méchante.

PAUL.

Oh ! madame, je m'en garderai bien!

LA COMTESSE.

Je suis très-douce ; beaucoup trop douce.

PAUL.

Je suis trop honnête pour contredire madame.

LA COMTESSE, *vivement.*

Ah ! ça, resteras-tu éternellemeut sur cette échelle ? N'as-tu pas fini ?

PAUL.

Oui, not'belle dame ; mais faut que je recommence : vous avez re cassé tout ce que j'avais raccommodé.

LA COMTESSE.

Tu feras cela dans un autre moment : ta présence me gêne. Qu'on mette cet homme à la porte.

LAFLEUR, *le tirant par le bras.*

Allons, sors.

PAUL.

Eh ben ! madame ne vous a pas dit de me mettre à la porte malhonnêtement.

LAFLEUR.

Impertinent ! tu raisonnes ! (*Il le pousse*).

PAUL, *tombant.*

Là! cassez-moi le bras.

LA COMTESSE, *courant à lui, et l'aidant à se relever.*

Ah! mon Dieu!...... Es-tu blessé! Pauvre malheureux! T'es tu fait bien mal?

PAUL.

Pas trop, madame..... mais assez comme ça.

LA COMTESSE, *à Lafleur.*

Comment, Lafleur.

LAFLEUR.

Madame m'ordonnait.

LA COMTESSE.

J'ordonnais, monsieur, j'ordonnais!....

AIR : *Un homme pour faire un tableau.*

On peut, dans la vivacité,
Ou dans un instant de colère,
Sans réfléchir, être emporté,
Et malgré son bon cœur, mal faire;
J'ai le caractère inégal,
Mais je déteste l'injustice :
Si jamais j'ordonne le mal,
Je défends bien qu'on m'obéisse.

PAUL.

Elle lui rive ben son clou, la petite dame. C'est que, si vous m'aviez blessé le bras, je vous l'aurais fait payer. Y a assez de bras foulé chez nous, sans le mien.

LA COMTESE.

Que veux tu dire?

PAUL.

Excusez, not'belle dame; si mon père a eu le bras foulé, c'est pas vot'faute.

LA COMTESSE, *émue.*

Qui est ton père?

PAUL.

Oh! vous ne connaissez pas, not'belle dame.

LA COMTESSE.

Dis toujours.

PAUL.

Non, ça n'est pas d'vos sociétés...... Mon père s'appelle Michel, commissionnaire au coin de la rue Montmartre...... C'est pas l'embarras, vous auriez pu le voir en passant : il est toujours assis contre la borne quand il n'est pas malade; mais v'là un mois qu'il n'est sorti.

LA COMTESSE, *à part.*

Un mois!.... C'est justement l'époque..... Serait-ce le malheureux que ma voiture..... (*Haut.*) Mon ami, dis-moi, ton père a été blessé?....

PAUL.

J'vas vous conter ça, la bourgeoise. — Figurez-vous que c'pauv' cher homme était là tranquillement sans penser à rien : brrrrr...., v'là une voiture qui arrive tambour battant, bride abattue, sans lui dire garre ; il veut se sauver, le pied lui glisse, et il se foule le bras. Dame! c'est malheureux, parce que nous autres, nous n'avons que nos bras pour vivre, voyez-vous.

LA COMTESSE.

Savez-vous à qui était la voiture qui a occasionné ce malheur?

PAUL.

On dit que c'était à une petite étourdie qui allait ce jour-là à un concert de musique, oust-ce qu'al' craignait d'arriver trop tard.

LA COMTESSE.

Et votre père, lui en veut-il beaucoup, à cette petite étourdie?

PAUL.

Je crois bien, dans les premiers momens; mais il n'est pas rancuneux. Jarni! si ç'avait eté moi, je lui en voudrais joliment. Elle ne s'est seulement pas donné la peine de venir s'informer des nouvelles de sa santé. Cependant c'est l'honnêté.... quand on blesse quelqu'un.... Moi, si ma voiture avait blessé c'te belle dame, je lui aurais fait une visite. Heureusement pour mon père qu'une sœur de la charité vient tous les jours lui donner des soins et des consolations.

LA COMTESSE, *à part.*

Agathe a rempli mes intentions (*haut*). Ces bonnes sœurs, combien elles méritent d'éloges!

AIR : *Vous ne prononcez plus Edouard.* (Fanchon).

Anges du ciel dont la bonte
Veille sur la triste indigence,
Tous les maux de l'humanité
Exercent votre bienfaisance :
Du sort vous calmez la rigueur :
Le pauvre oubliant sa misère,
Chez vous trouve un consolateur ;
L'orphelin y trouve une mère.

PAUL.

C'est bien vrai, ça.... C'te bonne petite dame !.... C'est pas vous qu'auriez fait une chose comme ça : vous êtes trop douce et trop gentille ; mais celle-là, ses domestiques disent que c'est un dragon.

LA COMTESSE, *leur lance un regard.*

Allons, allons, je n'aime pas les complimens : tais-toi, et va t'en. Lafleur, pour dédommager ce pauvre garçon, faites-lui donner vingt francs pour boire.

PAUL.

Vingt francs !..... C'est-il pour le bourgeois ou pour moi ?

LA COMTESSE.

Pour toi.

PAUL.

Eh ben ! si ça vous est égal, la bourgeoise, ce pour-boire là, je ne le boirai pas.

LA COMTESSE.

Comme tu voudras.

PAUL.

Oh ! mon pauvre père !..... Ça va lui mettre au moins une douzaine de pot-au-feux....... Merci, not'belle Comtesse : vous êtes la bonté personnifiée en personne naturelle !

LA COMTESSE.

Va, va, mon ami (*à part*). Pauvre garçon, il a bon cœur !

LAFLEUR, *à Paul.*

Allons, viens, imbécille. (*Il le pousse rudement*).

PAUL.

Madame, il me bourre.

LA COMTESSE.

Eh bien !

PAUL.

Dam ! c'est que je me plaindrai, moi.

LA COMTESSE.

Qu'on le mène à l'office, et qu'on le fasse déjeûner comme il faut. J'ordonne que l'on ait pour lui beaucoup d'égards..... Entendez vous, Lafleur ?

CLARA.

Entendez vous, Lafleur, beaucoup d'égards.

PAUL.

Vous entendez beaucoup d'égards ! Oh ! not' bourgeoise, si je peux vous être bon à quelque chose...... Vous êtes si généreuse....

AIR : *Où s'en vont ces gais bergers ?*

Vous m' donnez vingt francs vraiment,
C'est une bonne aubaine ;

Car pour en gagner autant,
Il m' faut plus d'un' semaine :
De pour boir's aussi gentis,
Si cheux vous l' don s' répète,
Ici, chaqu' matin, j' viendrai gratis
Poser une sonnette.

(*Il passe devant Lafleur.*)

## SCÈNE VII.

### LA COMTESSE, CLARA.

CLARA.

Réellement, madame, votre protégé est tout à fait intéressant.

LA COMTESSE.

C'est bon, mademoiselle.

CLARA.

Que fait madame, ce matin ?

LA COMTESSE.

Je n'ai aucun projet.

CLARA.

Madame n'a pas l'air gai.

LA COMTESSE.

Je pense à ce malheureux auquel j'ai causé tant de souffrance.

CLARA.

Madame lui a envoyé des secours ; son chirurgien l'a tiré d'affaire, et la bonne sœur Agathe......

LA COMTESSE.

A propos, la sœur Agathe n'est pas encore venue ?

CLARA.

Non, madame, mais votre anti-chambre est pleine de gens qui sollicitent l'honneur de votre présence.

LA COMTESSE.

Je ne suis pas d'humeur à les voir.

CLARA.

La marchande de mode vous apporte un chapeau.

LA COMTESSE, *vivement.*

Est-il joli ?

CLARA.

Je crois qu'il sera du goût de madame. Le bijoutier est là. Il apporte un diadême du dernier goût.

LA COMTESSE.

Je veux le voir.

CLARA.

Il y a encore quelques personnes.

LA COMTESSE, *s'asseyant.*

Eh! bien, qu'elles viennent, cela me distraira.

CLARA, *ouvrant la porte pour sortir.*

Madame, voilà la sœur Agathe.

LA COMTESSE.

Qu'on la fasse entrer.

CLARA.

Entrez, sœur Agathe.

---

## SCENE VIII.

### LES MÊMES, AGATHE.

LA COMTESSE, *allant au-devant d'elle.*

Approchez, approchez donc.

AGATHE.

Je vous dérange peut-être, madame.

LA COMTESSE.

Non, non. Clara, ne laissez entrer personne; je veux être seule avec la sœur Agathe.

---

## SCENE IX.

### LA COMTESSE, AGATHE.

AGATHE.

Que madame est bonne.

LA COMTESSE.

Allons, allons; qu'avons-nous fait de bon hier? Vous faut-il beaucoup d'argent.

AGATHE.

Mon dieu non; il me reste près de la moitié de la somme que vous avez daigné me confier l'autre jour.

AIR : *De couplets et de madrigaux.*

Mais je crains d'abuser vraiment
De votre excès de bienfaisance,
Et par mes mains, vous donnez tant....

LA COMTESSE.

En vous, j'ai toute confiance;
L'argent placé comme cela
Enrichit celle qui le donne.

AGATHE.

AGATHE.

Ah! madame à ce compte-là
Est plus riche que personne!

LA COMTESSE.

Mais, sœur Agathe, il y a long-temps que vous ne m'avez parlé de notre pauvre Michel, ce commissionnaire, que mon cocher a eu le malheur de blesser. Le croyez-vous bientôt en état de reprendre ses travaux?

AGATHE.

Mais..... je crois.....

LA COMTESSE.

Prenez garde.

AGATHE.

Ah! je vois bien qu'il ne faut rien vous déguiser. Je craignais de vous affliger, comme vous avez contribué, quoique bien innocemment, au malheur de ce brave homme.

LA COMTESSE.

J'ai su aujourd'hui qu'il gardait encore la chambre........, qu'il était loin d'être guéri.

AGATHE.

C'est vrai, madame, votre chirurgien a même été sur le point de lui couper le bras; mais je l'en ai empêché; ces messieurs-là vont souvent plus vîte qu'il ne faut. « Jamais, » disait ce pauvre Michel, jamais je n'y consentirai: comment nourrir ma famille après cela; je sais bien que la » personne dont la voiture m'a arrangé comme ça, ne me » laisserait manquer de rien; mais jarni il est bien dur pour » un homme de cœur de vivre d'charités, quand il est d'âge » et d'force à n'devoir son existence à personne. » Je l'ai rassuré, je l'ai pansé moi-même. C'est que nous avons, nous, des remèdes de bonnes femmes qui en valent bien d'autres! Il est maintenant hors de danger.

LA COMTESSE.

Sa fierté me plaît, et me donne de ce brave homme l'idée la plus avantageuse: je veux absolument le voir.

AGATHE.

Le voir! Eh! bon dieu! il n'est pas encore en état de sortir.

LA COMTESSE.

Ecoutez, sœur Agathe: à quelle heure allez-vous ordinairement le panser?

AGATHE.

Tous les matins, entre huit et neuf.

LA COMTESSE.

Eh bien! trouvez-vous demain, à sept heures précises, dans

ma chambre à coucher; je donnerai les ordres nécessaires pour que vous puissiez y pénétrer.

AGATHE.

Est-ce que madame la comtesse voudrait......

LA COMTESSE.

Vous vous munirez d'un habillement complet d'une de vos plus jeunes sœurs, mais... complet, depuis l'auréole jusqu'aux chaussures.

AGATHE.

Je devine! Oui, je devine....

LA COMTESSE.

Ma prise d'habits ne se fera pas avec pompe; mais reçu de votre main, ce costume me sera bien cher.

AIR: *Sœur Luce, aimable hospitalière* (1).

Sous l'habit d'une hospitalière,
Vous allez diriger mes pas;
Je vais consoler la misère,
Au malheureux tendre les bras.
J'imiterai votre coutume :
Hélas! que ne puis-je de plus,
En empruntant votre costume,
Emprunter aussi vos vertus.

AGATHE.

Ah! madame, vous me donneriez de l'amour-propre; la louange devient si douce, quand elle passe par une jolie petite bouche comme ça!

---

## SCÈNE IX.

### LES MÊMES, CLARA.

CLARA.

Madame, le chasseur de madame la marquise d'Orminville est là qui vient d'apporter ce billet.

LA COMTESSE, *lisant le billet.*

Voyons..., restez, restez, sœur Agathe..., c'est une invitation. Il y a, cette nuit, un bal brillant chez le général de Saint-Marc, on sera masqué : la marquise d'Orminville

---

(1) Cet air, gravé sous le titre de *l'Hospitalière*, avec accompagnement de piano et guittare, se trouve chez Mme. Masson, libraire, rue de l'Echelle, n°. 10.

compte sur moi.... Demain, en sortant du bal, un déjeûner superbe chez le commandeur d'Ormesson...C'est charmant !

AGATHE.

Cela va déranger vos intentions.... Nous remettrons la visite au pauvre Michel à un autre jour.

LA COMTESSE, *réfléchissant.*

Non, non, sœur Agathe, j'y suis décidée, demain, à sept heures, comme nous en sommes convenues.

AGATHE.

Vous êtes un ange !

LA COMTESSE.

Que le chasseur attende, je vais écrire un mot à la marquise.

---

## SCÈNE X.

### CLARA, AGATHE.

AGATHE.

Oui, c'est un ange ! Adieu, mademoiselle Clara ; vous avez là une bien bonne maîtresse.

CLARA.

Adieu, sœur Agathe.

AGATHE.

Adieu, adieu, mademoiselle Clara ; à demain.

AIR : *Une fille est un oiseau.*

Oui, demain je reviendrai
Auprès de votre maîtresse ;
Sa volonté fut expresse,
Et certes, j'obéirai.
Du malheur cherchant la trace,
Non, jamais je ne me lasse :
Dans Paris, tel tems qu'il fasse,
Je trotte, et fais mille tours ;
Je ne manque pas de zèle,
Mais c'est qu'il faut avec elle
Recommencer tous les jours.

---

## SCENE XI.

### CLARA, LAFLEUR.

LAFLEUR.

Enfin, la voilà partie !

CLARA.

J'ai vu le moment où nous manquions notre bal.

LAFLEUR.

Comment ?

CLARA.

Mon dieu oui : le chasseur de madame d'Orminville apportait une invitation pour cette nuit.

LAFLEUR.

Madame a refusé.....

CLARA.

Oui, elle a donné rendez-vous à la sœur Agathe pour sept heures du matin.

LAFLEUR.

C'est heureux..... On n'est jamais libre, en vérité.

CLARA.

J'aurai une coëffure charmante.

LAFLEUR.

Vous avez tant de goût, mademoiselle Clara. C'est vous qui l'avez choisie ?

CLARA.

Non, c'est madame qui l'a choisie elle-même, chez sa marchande de modes.

LAFLEUR.

Vous serez charmante, et nous nous amuserons beaucoup.

AIR *de contre-danse.*

Ah ! ne croyez pas que j'envie
De nos maîtres le sort heureux ;
Car ils baillent en compagnie,
Tandis que nous rions près d'eux.

CLARA.

Je mets les diamans de madame,
Dites-moi si cela m'ira ?

LAFLEUR.

En vous voyant, plus d'une femme
Pour la comtesse vous prendra.

ENSEMBLE.

Ah ! ne croyez pas que j'envie, etc.

FIN DU PREMIER ACTE.

# ACTE II.

*Le Théâtre représente une chambre pauvre et mal meublée. On y voit un vieux fauteuil.*

## SCENE PREMIERE.

NANETTE, *repassant devant une table. Près d'elle sont des bas de soie en forme.*

AIR : *La pièce curieuse.* ( De la Vallée de Barcelonette. )

Qui de vous a connu Toinon,
La p'tite repasseuse ;
Ell' voyait le plus beau garçon
Sans en être amoureuse.
Quand on lui parlait d'un amant,
Soudain ell' faisait la grimace ;
Et puis disait, en rechignant :
Dites-lui qu'il repasse.

Mais on n'a pas toujours vingt ans,
On n'est pas toujours belle ;
Et Toinon vit avec le tems,
Les amans fuir loin d'elle.
Plus d'attraits, partant plus d'amour !
En vain, all' courut sur leur trace,
Les garçons disaient à leur tour :
Dites-lui qu'ell' repasse.

Là ; v'là mon ouvrage qu'avance. Ce maudit rez-de-chaussée est si humide que rien ne sèche ici. J'ai encore queuq'paires de bas à remettre sur les formes...... Eh ben ! je n'en ai plus que quatre à présent ! Où sont donc les deux autres..... C'est mon frère qui m'aura fait queuque tour de sa façon... Paul ! Paul! oust-ce que t'es donc ?

PAUL, *du dehors.*

Je suis dans ma soupente.

NANETTE.

Descends.... descends donc, Paul.

## SCENE II.

NANETTE, PAUL.

PAUL.

Eh ben! Paul, Paul! qu'est-ce qu'il a encore fait, Paul? On est toujours après lui.

NANETTE.

Qu'est-ce que t'as fait de mes formes?

PAUL.

De quoi! tes formes?

NANETTE.

Mes formes à faire sécher les bas de soie.

PAUL.

Explique-toi donc; j'appelle ça des jambes, moi.

NANETTE.

Eh ben! qu'en as-tu fait?

PAUL.

Est-ce que n'en v'là pas là quatre?

NANETTE.

J'en avais six.

PAUL.

Tu n'as pas assez de quatre jambes?

NANETTE.

Qu'est-ce que t'as fait des autres, je veux le savoir?

PAUL.

Eh ben!....... les autres..... Hier matin, il n'y avait pas de bois pour faire une omelette à mon père, j'en ai mis deux dans la cheminée.

NANETTE.

Tu as brûlé mes deux jambes!

PAUL.

Crie donc; comme si ça t'avait fait ben du mal?

NANETTE.

Eh! comment veux-tu que je mette en forme les bas de soie de mes pratiques?

PAUL.

Eh ben, ma sœur; tiens, c'est aujourd'hui dimanche, je ne sors pas de ce matin; mets tes bas en forme sur mes jambes.

NANETTE.

Elles sont joliment faites.

PAUL.

Tiens, joliment faites.... A qui c'est-il c'te paire de bas qu'est si pressée ?

NANETTE.

A M. de Laflûte, le musicien.

PAUL.

A M. de Laflûte ; pardi te v'là ben embarrassée, tu ne peux pas les mettre en forme sur le manche à balai.

NANETTE.

Tu ne feras jamais que des sottises. Va, je me plaindrai à mon père.

PAUL.

C'est ça, va le tourmenter ; il n'est pas déjà assez malade.

NANETTE.

Mais si tu m'empêches de faire mon ouvrage, qui est-ce qui gagnera de l'argent ici ? Ce n'est pas toi. Depuis trois ans que tu es chez ton maître, tu n'es encore qu'apprenti.

PAUL.

Je ne suis qu'apprenti....... Je crois ben. Au lieu de m'apprendre mon métier, ils me font souffler la forge toute la journée.

AIR : *Tôt, tôt, tôt battez chaud.*

Je deviendrai bon serrurier ;
Car j'ai déjà cœur au métier :
Quand je suis seul à la boutique,
S'il s'présente un joli minois,
Je n'me l'fais pas dire à deux fois,
Au premier garçon j'fais la nique.
Tôt, tôt, tôt,
Battez chaud ;
Tôt, tôt, tôt, bon courage,
J'nai jamais refusé l'ouvrage.

NANETTE.

Beau travailleur. Tu manges plus que tu ne gagnes. Et qui est-ce qui payera not'loyer, qu'est échu depuis deux termes ; le principal locataire nous tourmente déjà. Si je n'payons pas, on nous mettra à la porte.

PAUL.

Tiens, ma sœur, ne gronde pas ; v'là déjà à-comte vingt francs que j'ai reçu hier pour boire chez c'te Comtesse. Je le donne tout pour la maison.

NANETTE.

J'sais ben qu'tas bon cœur ; mais t'es étourdi !

PAUL.

C'est dans l'sang ça, ma sœur.

MICHEL, *appelant du dehors.*

Nanette! Nanette....

NANETTE.

Tiens, v'là mon père qui appelle..... Quoiqu'vous voulez, mon père?

MICHEL.

Viens m'aider à passer ma veste.

NANETTE.

J'y vais, mon père. Pauv' cher homme, il ne peut pas passer sa veste tout seul..... J'y vais.

---

## SCENE III.

PAUL, *seul.*

Faut-il être dans le besoin comme ça! Mais pourquoi je n'sommes-ti pas nés riches comme les autres.... Ces beaux appartemens que j'ai vus chez c'te Comtesse, ces belles voitures à quatre chevaux, ça me trotte dans la tête depuis ce matin; ça m'avait donné des idées gaies, je comptais aller ce soir danser au Caprice des Dames..... Non; faut rester à la maison, et danser des contredanses tout seul avec ma sœur..... sans violon, ou ben entendre les vieilles chansons de mon père.... Je vais passer un beau dimanche.

AIR: *Nous nous marierons.*

Du matin au soir,
Jarni l'on peut m'voir
Travailler tout'la semaine;
J'nen sommes pas, oui-dà,
Plus riches pour ça,
Dans l'état, n'y a pas d'aubaine.
Piocher d'abord,
S'amuser fort,
Ça tranche.
Mais queu guignon,
Quand un garçon
S' démanche,
Depuis le lundi
Jusqu'au samedi,
Pour s'ennuyer le dimanche.

## SCENE IV.

### PAUL, NANETTE, MICHEL.

PAUL.

Ah ! vous v'là, mon père !

MICHEL.

Eh bien ! qu'est-ce que t'as donc, Paul ? Tu as l'air tout triste.

PAUL.

Est-ce que ma sœur ne vous a pas dit que M. Duru est venu nous tourmenter pour nos termes que nous n'avons pas payés ?

MICHEL.

Ah ! dame, c'est mon accident qu'a été cause d'ça ; mais il sait que j'sommes honnêtes.

AIR : *Des bonnes gens.*

Pauvreté n'est pas vice,
C'proverb' doit être écouté ;
On n'peut, sans injustice,
Manquer à l'humanité.
Il ne peut pas se défendre
De nous accorder du temps ;
On n'perd jamais pour attendre
Avec les honnêtes gens.

PAUL.

C'est ce que je lui ai dit ; mais il n'a pas voulu entendre raison.

MICHEL.

Me v'là bien, moi ; pas le sou, pas de moyens d'en gagner, avec mon bras comme ça....

NANETTE.

Allons, allons, mon père, je vais aller chez toutes mes pratiques ; j'espère pouvoir compléter ce qu'il faut à M. Duru.

PAUL.

Moi, d'mon côté, j'vas vois si mon bourgeois peut m'avancer le mois.

NANETTE.

Il est joli, ton mois!

PAUL.

C'est huit francs. Prenez courage, mon père.

---

## SCENE V.

MICHEL, *seul.*

Jarni, que c'est dur pour un brave homme qui ne s'est jamais vu dans c'te passe-là. Ah! mon pauvre bras, si je t'avais, comme je te ferais travailler; c'est que je m'ennuie de ne rien faire.

Air : *Ah! que de chagrins dans la vie!*

Dans tous les états de la vie,
On méprise le paresseux;
Mais on estime, on apprécie,
L'homme honnête et laborieux:
Oui, le travail, source de la richesse,
Est notre plus sûr bienfaiteur;
Il est toujours l'ami de la jeunesse,
Et du pauvre le protecteur.

Voici l'heure où la bonne sœur Agathe vient tous les maties; il me semble qu'elle tarde aujourd'hui plus qu'à l'ordinaire.

---

## SCENE VI.

MICHEL, AGATHE, LA COMTESSE, *en habit de sœur de la Charité.*

MICHEL.

Ah! vous voilà donc, ma sœur.

AGATHE.

Oui, me voilà; prenez courage, Michel.

MICHEL.

Ah! ah! vous n'êtes pas seule aujourd'hui?

AGATHE.

Non ; j'amène avec moi une jeune sœur.

LA COMTESSE.

Air : *Hermite, bon hermite.*

Je suis une novice,
Qui, pour se faire aimer;
Aux travaux de l'hospice,
Désire se former.
J'y suis encore nouvelle;
Mais on peut bien souvent
Suppléer par le zèle
Au manque de talent:
D'ailleurs, la bonne mère
Ne m'abandonne pas.
Ah! dans cette carrière,
Puis-je mieux faire
Que de suivre ses pas!

MICHEL.

Ah! jarni, comme elle est gentille! J'ai vu sous la guimpe de ben jolies petites figures; mais jamais comme c't'elle-là.

AGATHE.

C'est bon, c'est bon; il ne s'agit pas de cela. Comment cela va-t-il aujourd'hui?

MICHEL.

Oh! je souffrons moins, grâce à vos soins. Sans vous, j'n'aurais pu d'ma vie presser mes enfans dans mes bras.

LA COMTESSE.

Il est certain que notre bonne mère Agathe fait chaque jour des cures miraculeuses.

AGATHE.

Songeons à panser votre bras.

(*Elle approche le grand fauteuil, aidée par la Comtesse; Michel s'assied.*)

LA COMTESSE.

Appuyez votre main dans les miennes. Vous permettez, sœur Agathe?

AGATHE.

Eh bien! sœur Saint-Ange, où donc avez-vous mis le paquet dont vous aviez bien voulu vous charger?

LA COMTESSE.

Le paquet.... Ah! mon Dieu! je l'ai oublié sur mon bonheur du jour.

MICHEL.

Sur votre ?

AGATHE.

Ça ne vous regarde pas. Il faut que je l'aille chercher à présent ; il y a dedans tout ce qu'il faut pour panser ce brave homme.

LA COMTESSE.

Irai-je avec vous, sœur Agathe ?

AGATHE.

Avec vos petits pieds delicats, vous iriez trop lentement ; vous n'êtes pas, comme moi, habituée à courir. Attendez-moi ici un quart-d'heure.

LA COMTESSE.

Combien je suis fâchée de votre peine ! que je suis étourdie !

AGATHE.

Ce n'est rien, j'ai de bonnes jambes ; je suis de retour à l'instant.

---

## SCENE VIII.

### MICHEL, LA COMTESSE.

MICHEL, *assis.*

Queu bonne femme que c'te sœur Agathe !

LA COMTESSE.

Personne ne l'apprécie comme moi.

MICHEL.

Et moi donc ; depuis un mois, elle n'a pas manqué de venir un seul jour.

LA COMTESSE.

Dites-moi, brave homme, en voulez-vous bien à la Comtesse dont la voiture a causé votre accident ?

MICHEL.

Ah ! c'te pauv'chère dame, ce n'est pas sa faute ; c'est celle de son étourdi de cocher, qu'est un ivrogne, à ce qu'on dit. Et puis, c'est si bien à elle de m'avoir envoyé la sœur Agathe, qui a pris après moi tant de soin, tant de soin ! N'y a qu'une chose qui me désole, c'est que la guérison ne vient pas vîte.

LA COMTESSE.

Il ne faut pas la retarder par votre impatience.

MICHEL.

C'est fort bien, mais je ne gagnons rien, et le loyer va tous les jours. Je vous dis ça, je ne voudrais morgué pas que ça fût reporté à madame la Comtesse ; je sommes dans la gêne, mais je ne sommes pas à l'aumône et je ne recevrions pas une somme d'argent.

LA COMTESSE, *à part.*

Il faut pourtant que je lui fasse accepter..... Comment m'y prendre ?

MICHEL.

Qu'est-ce que vous marmottez donc là entre vos dents, p'tite sœur ?

LA COMTESSE.

Vous êtes trop susceptible.

MICHEL.

Ah ! dame, je suis pauvre, mais je suis fier.

LA COMTESSE.

Ne pensez pas à tout cela, ça vous tourmente.

MICHEL.

Comment avoir des idées gaies quand on souffre ? La nuit, je ne dors pas. Je sommes seul le jour ; mon fils est à son ouvrage, ma fille en journée. Encore s'il me venait de temps en temps queuq' visite comme la vôtre.

LA COMTESSE.

La mienne ? Que pourrais-je faire pour vous distraire ? Voulez-vous que je vous chante quelque petite chansonnettes.

MICHEL.

Est-ce que vous en savez, ma sœur ? Je croyais que vous ne saviez que des cantiques, vous autres. Ah ! jarni, je vous entendrai ben volontiers.

LA COMTESSE.

Eh bien ! Michel, puisque cela vous fait plaisir, je vais vous chanter une chansonnette..... morale.

AIR : *Vaudeville de la matinée d'autrefois.*

On s'agite, on court dans le monde,
L'un sur terre, l'autre sur l'onde ;
A la fortune on tend les bras,
On la suit et l'on perd ses pas.
Tranquille, à l'abri de l'orage,
Un autre fait un héritage,

Et nous prouve, en s'enrichissant,
Que le bien arrive en dormant.

MICHEL, *étendant les bras.*

Il ne m'arrivera jamais comme çà à moi; j'sommes trop matineux nous autres, et j'n'avons pas l'temps d'l'attendre.

LA COMTESSE.

*Même air.*

Un grand prince, par habitude,
Se promenait en solitude;
Il voit un pauvre voyageur
Endormi pendant la chaleur :
Auprès de l'homme qui sommeille,
Il met de l'or sans qu'il s'éveille,
Et lui prouve par son présent,
Que le bien arrive en dormant.

(*Pendant ce couplet, Michel s'est endormi dans son grand fauteuil.*)

LA COMTESSE.

Que vois-je? il s'endort..... Ah! cette chanson m'indique ce que je dois faire; il ne pourra me refuser...

AIR : *Tandis que tout sommeille.*

Ah! tandis qu'il sommeille
Et qu'il ne peut me voir,
Faisons notre devoir,
Mon cœur me le conseille;
(*Elle vide sa bourse dans la poche de Michel.*)
Vraiment
On éprouve en donnant
Une douceur secrette;
Oui, je sens qu'en le partageant,
On double le prix de l'argent;
Et soulager un indigent,
C'est payer une dette.

---

## SCENE X.

LES MEMES, PAUL, NANETTE.

PAUL.

Tiens, v'là la sœur Agathe.

NANETTE.

Eh! non, c'en est une autre.

LA COMTESSE.

Chût! le malade dort; la sœur Agathe va revenir, je l'attends ici.

PAUL, *à demi-voix.*

Bonjour, ma sœur; (*à Nanette.*) tiens, elle est bien jeune celle-là.

NANETTE.

Elle a l'air bien doux.

LA COMTESSE.

Qui êtes-vous, mes amis?

PAUL.

Les enfans de Michel.

NANETTE.

Ma sœur, puisqu'il dort, voulez-vous venir là-dedans avec moi?

LA COMTESSE.

Volontiers, mon enfant.

NANETTE.

Eh ben! v'nez par ici..... Mon Dieu! la jolie petite sœur.

---

## SCENE IX.

MICHEL, *endormi;* PAUL.

PAUL.

Mon bourgeois n'a pas voulu m'avancer mes huit francs; ma sœur n'a rien reçu non plus. M. Duru va revenir. Comment faire? Mon pauv' père, comme il dort de bon cœur; il ne se doute de rien.

---

## SCENE XI.

MICHEL, PAUL, DURU.

DURU.

Me voilà! Avez-vous de l'argent?

PAUL.

Chût! parlez plus bas, mon père dort.

DURU.

Il faudra bien qu'il se réveille.

PAUL.

Plus bas, j'vous en prie; il y a trois nuits qu'il n'a fermé l'œil.

DURU.

Allons, allons, je n'ai pas de temps à perdre.

PAUL.

Et nous, M. Duru, j'n'avons pas d'argent à vous donner.

DURU.

Voilà leur refrein ordinaire; ils n'ont jamais d'argent. Ah! je vous en ferai bien trouver!

PAUL.

Vrai. Ah! M. Duru, faites-nous ce plaisir là, vous serez le premier payé.

DURU.

Je crois que ce petit drôle se moque de moi. Ah! je vais parler à votre père.

PAUL.

M. Duru, ne le réveillez pas, ça ne lui fera pas trouver d'argent.... Tenez, v'là vingt francs à compte, vous aurez le reste à la fin du mois.

DURU.

Je prends l'à-compte; mais il me faut le reste tout de suite.

PAUL, *à genoux devant lui et pleurant.*

M. Duru, attendez encore, je vous prie.

DURU, *allant à Michel.*

Non, non; allons, réveillez-vous, il est bien temps de dormir.

MICHEL, *se levant.*

Qu'est-ce que c'est?

DURU.

C'est moi! De l'argent?

MICHEL.

Croyez-vous qu'il m'en soit venu en dormant.... Tenez, fouillez-nous; pardin! j'n'ons pas le sou. (*Il secoue sa veste.*)

DURU.

Eh! qu'est-ce que c'est? Vous dites que vous n'avez pas le sou, et j'entends.....

MICHEL.

MICHEL.

Qu'est-ce que c'est que ça...... Ce n'est pas de l'argent !...... (*Il fouille dans sa poche.*)

DURU.

De l'or !.... ça vaut mieux.

PAUL.

De l'or !

DURU.

Voyez-vous ces gens-là ! ça fait les pauvres et ça amasse de l'or ; c'est bon ! vous allez me payer, et au terme prochain j'augmente votre loyer.

MICHEL.

Qu'est-ce que vous dites donc, je vas vous payer ? Est-ce que c'est à moi cet or là ?

DURU.

Que m'importe ! il est ici, j'en aurai ma part.

MICHEL.

Je n'disposons pas de c'qui n'est pas à nous.

DURU.

C'est une mauvaise raison ; ah ! tu as de l'or et tu ne veux pas payer..... En prison.

MICHEL.

En prison !

PAUL.

Mon père, en prison !

---

## SCENE XII.

### LES MEMES, NANETTE, LA COMTESSE.

LA COMTESSE.

Eh mon Dieu ! quel est ce bruit ?

MICHEL.

Ah ! vous étiez-là, bonne sœur, je vous croyais partie.

DURU.

C'est cet homme qui a de l'or plein ses poches et qui ne veut pas payer son loyer.

MICHEL.

Ecoutez donc, ma sœur, je veux ben croire aux miracles ; mais celui-ci me passe. Comment se fait-il que j'aie dans ma poche tout cet or?.... Je vous soupçonne d'être pour quelque chose là-dedans.

LA COMTESSE.

La Providence vous l'envoie, il faut vous en servir.

DURU.

Et me payer.

*( On entend un grand bruit dehors. )*

TOUS.

Qu'est-ce que c'est que cela?

---

## SCENE XIII.

### LES MEMES, AGATHE.

AGATHE.

Ah! mon Dieu! mon Dieu! un carrosse qui vient de verser à votre porte; le cocher était ivre..... Il y a dedans une dame qui fait des cris affreux; je ne sais si elle est blessée.

NANETTE.

Je vas voir ce que c'est. *( Elle sort. )*

PAUL.

Et moi aussi.

AGATHE.

Je vous suis.

MICHEL.

Il faut la faire entrer ici, lui offrir tous les secours possibles; entendez-vous mes enfans?

---

## SCENE XIV ET DERNIÈRE.

LES MEMES, LAFLEUR, CLARA, *en grande parure, appuyée sur le bras de Nanette; on l'assied dans le grand fauteuil.*

MORCEAU D'ENSEMBLE.

AIR *de M. Herdlizka.*

NANETTE.

Entrez, entrez, ma belle dame,
N'ayez pas peur,
J'avons bon cœur,
J'vous oblig'rons de tout' notre ame.

CLARA.

Ah ! je meurs de frayeur.

TOUS.

N'ayez pas peur.

LAFLEUR.

La voiture s'est renversée ;
Mais Madame n'est pas blessée,
Elle en est quitte pour la peur.

TOUS.

Elle en est quitte pour la peur;
Ah ! quel bonheur!

LA COMTESSE, *à part*, *à Agathe.*

Mais voyez donc cette dame si belle ?
C'est Clara.....

AGATHE, *à la Comtesse.*

C'est Clara, c'est elle !

CLARA.

Je rends grâce à votre bon cœur.

TOUS.

Elle en est quitte pour la peur.

LA COMTESSE, *à Agathe.*

Ne me découvrez pas.

LAFLEUR.

Nous étions d'un grand bal chez la marquise de Vertemont; ce maudit cocher s'est enivré en nous attendant, et, en tournant le coin de votre rue, il nous a maladroitement versés.

LA COMTESSE, *à part.*

Il aura brisé ma voiture.

LA FLEUR, *à Clara.*

Etes-vous sûre que le coup ne soit pas dangereux...... S'il y avait quelque chirurgien dans le voisinage ?

MICHEL.

Monsieur, voilà la sœur Agathe qui vaudra tous les chirurgiens du monde.

LAFLEUR.

La sœur Agathe !..... ( *à Clara.* ) Elle va nous reconnaître.

CLARA, *à Lafleur.*

Allons-nous-en.

AGATHE.

Permettez, Madame.

PAUL, *regardant Clara.*

Eh! mais, je ne me trompe pas; c'est la femme-de chambre de la Comtesse où j'ai été hier...

TOUS.

Une femme-de-chambre!

LAFLEUR.

Madame, une femme-de-chambre? Vous perdez la tête, mon ami.

PAUL.

Et je vous reconnais bien aussi; c'est vous qui m'avez bourré hier, en me donnant vingt francs de la part de madame la Comtesse. Si elle savait que vous ne m'avez donné à l'office que du pain et du fromage, tandis qu'elle avait dit que l'on eût pour moi tout plein d'égards.

LA COMTESSE, *s'oubliant.*

Comment? c'est ainsi que vous exécutez mes ordres!.... (*à part.*) Ah! je me trahis!

LAFLEUR.

Dieu! c'est madame la Comtesse elle-même.

TOUS.

La Comtesse!

AGATHE.

Il n'est plus temps de vous le taire; oui, c'est elle, c'est votre bienfaitrice qui n'a pas dédaigné de m'accompagner pour visiter votre demeure et m'aider elle-même à panser votre blessure.

TOUS.

Ah! Madame!

MICHEL.

Est-il possible!

(*Ils s'inclinent avec respect.*)

PAUL.

Eh! moi, qui ne la reconnaissais pas, c'te bonne petite dame.

MICHEL.

Je ne suis plus étonné maintenant de l'or que j'ai trouvé dans mes poches, et qu'on vienne me chanter que le bien vient en dormant;.... ça ne m'étonne pas quand un ange veille près de vous.

DURU.

Bon ! le loyer sera payé. (*Il sort.*)

LAFLEUR.

En voyant un tel tableau, qui ne serait heureux et fier d'appartenir à madame la Comtesse !

LA COMTESSE.

Puisque vous faites cas d'être à moi, songez bien à cacher à tout le monde la scène dont le hasard vous a rendu témoins. Vous entendez, Clara? un seul mot, et vous n'êtes plus à mon service.

CLARA.

Madame peut compter sur ma discrétion.

LA COMTESSE.

Cependant, quand vous irez au bal, vous voudrez bien ne vous servir ni de mes diamans, ni de ma voiture.

CLARA.

Madame!

LA COMTESSE.

Et vous, mes bons amis, je vous recommande aussi le secret.

MICHEL.

Je n'm'engage à rien. Je ne réponds pas qu'au milieu de mes camarades, quand j'aurai bu le p'tit coup....

LA COMTESSE.

Je me charge de placer toute votre famille; vous serez employé chez moi...... Et vous, mère Agathe, donnez-moi le bras et regagnons la petite porte de mon jardin.

LAFLEUR.

Venez, mademoiselle Clara; nous sommes venus en voiture, nous nous en irons à pied.

PAUL.

Eh ben! vous n'craindrez pas de verser.

(*Lafleur et Clara sortent.*)

LA COMTESSE.

Je n'oublierai jamais cette matinée, qui m'a fait connaître

que le plus doux charme de la bienfaisance, c'est de l'exercer soi-même.

## VAUDEVILLE.

AIR : *Vaudeville des deux Edmon.*

MICHEL.

Oh! comme on le dit à la ronde,
Si la fortune, dans le monde,
Quand on dort, arrive cheux vous,
Endormons-nous.
Ben heureux stilà qui l'attrape;
Mais d'crainte qu'al'ne nous échappe,
Quand un'fois j'la t'nons dans nos bras,
Ne nous endormons pas.

AGATHE.

Malgré la maxime commune,
Qui dit que chez vous la fortune
Pour venir doit vous dire à tous:
Endormez-vous;
Ah! croyez un conseil plus sage,
Amenez-là par le courage,
Travaillez, employez vos bras,
Ne vous endormez pas.

NANETTE.

O vous, que l'on voit sur la terre
Aux gens de bien faire la guerre,
Et qui cherchez à nuire à tous,
Endormez-vous.

(*A Agathe et à la Comtesse.*)

Vous, dont j'aime la bienfaisance.
Et qui veillez sur l'indigence,
Dont le bonheur suit chaque pas,
Ne vous endormez pas.

PAUL.

Tous les soirs, plus d'un' femme sage
Se plaint que d'puis son mariage,

Ell' s'entend dir' par son époux :
Endormez-vous.
Près d'cheux nous qu'all' port' son ménage ;
Car aux époux du voisinage,
J'dis, en frappant à tour de bras :
Ne vous endormez pas.

LA COMTESSE, *au Public.*

O vous que la critique appelle
Pour juger la pièce nouvelle,
Qui, pour blâmer, venez chez nous,
Endormez-vous.
Mais vous qu'amène l'indulgence
Et que guide la bienveillance,
Pour applaudir du haut en bas,
Ne vous endormez pas.



FIN DU SECOND ACTE.

PORTHMANN, IMP. ORD$^{re}$. DE S. A. I. ET R. MADAME,
ET DE S. A. I. MADAME LA PRINCESSE PAULINE,
Rue des Moulins, n°. 21.

www.ingramcontent.com/pod-product-compliance
Ingram Content Group UK Ltd.
Pitfield, Milton Keynes, MK11 3LW, UK
UKHW021529260726
13993UKWH00004B/1893